阅读天津

罗澍伟 主编

津渡
FERRY
CROSSING

乡音识烟火

谭汝为—著

天津出版传媒集团

天津人民出版社

图书在版编目（CIP）数据

乡音识烟火 / 谭汝为著 . —— 天津：天津人民出版
社 , 2022.10
（阅读天津·津渡 / 罗澍伟主编）
ISBN 978-7-201-18756-3

Ⅰ . ①乡… Ⅱ . ①谭… Ⅲ . ①北方方言 – 方言研究 –
天津 Ⅳ . ① H172.1

中国版本图书馆 CIP 数据核字 (2022) 第 161555 号

乡音识烟火
XIANGYIN SHI YANHUO

出　　　版	天津人民出版社	
出 版 人	刘　庆	
地　　　址	天津市和平区西康路 35 号	
邮购电话	（022）23332469	

策　　　划	纪秀荣　任　洁　赵子源		
责任编辑	李　羚		
插　　　画	顾青峰		
装帧设计	世纪座标　明轩文化		
美术编辑	郭亚非　汤　磊		

印　　　刷	天津海顺印业包装有限公司
经　　　销	新华书店
开　　　本	787 毫米 ×1092 毫米　1/32
印　　　张	6
字　　　数	70 千字
版次印次	2022 年 10 月第 1 版　2022 年 10 月第 1 次印刷
定　　　价	38.00 元

"阅读天津"系列口袋书编委会

阅读天津·津渡

HOW TO READ TIANJIN

FERRY CROSSING

主编的话

罗澍伟

　　乘着凉爽的秋风，"阅读天津"系列口袋书第一辑"津渡"，翩然而至，饱含播种的艰辛和收获的喜悦。

　　天津，是国家历史文化名城，是一座因河而生、因海而长的城市。河与海，丰富了这座城市的历史与生命，让她既传统又时尚，既守正又包容，既质朴又浪漫，多元文化在这里相遇。一年四季，这座城市总是仪态万方、光华夺目，散发着永恒的人文魅力。

　　"津渡"，以上吞九水、中连百沽、下抵渤海的海河为蹊径，深情凝视这座城市的岁月过往，又经由现代价值的过滤，带领读

HOW TO READ TIANJIN

FERRY CROSSING

者重返时间洪流，感受津沽大地所存储的厚重记忆。十本图文并茂的普及性读物，涵盖了海河的历史悠久、运河的遗存丰厚、建筑的精美绝伦、桥梁的琳琅满目、洋楼的名人荟萃、工业的兴盛发达、美食的回味无穷、年画的意蕴深厚、方言的风趣幽默、文学的乡愁悠远。英国浪漫主义诗人雪莱说："历史是'时间'写在人类记忆中一首循环的诗。"认真阅读，既可以领略这座城市源远流长、群星璀璨的深层历史况味，又可以与这座城市异彩纷呈的多元文化来一场愉悦的邂逅。

"津渡"，配有一份精致的手绘长卷《海河绘》，以杨柳青木版年画特有的丹青点染，绘就一条贯穿"津城""滨城"的浩荡长河，上至永乐桥上的"天津之眼"，下达恢宏壮观的天津港；细致描摹两岸众多人文景观，组成了令人流连忘返的沽上美景。站在画前端详，可以直观感受到，水扬清波、直奔大海的海河就是整座城市的生命之源。

"津渡"，巾箱本，特别适合边走边读。漫步街巷与河畔，探寻蕴藏其中的城市文化精髓，可以得到一种满足、一种惬意、一种充实、一种厚重、一种遐思。在传统文化与现代精神的互动中，深入认识这座城市的文化创造力和当代价值追求，以及丰厚滋润的精神归宿，用阅读修养身心。

2019年1月，习近平总书记在天津视察时，作出了"要爱惜城市历史文化遗产，在保护中发展，在发展中保护"的重要指示。

"阅读天津"系列口袋书的出版，是传承发展中华优秀传统文化和守护城市文脉的生动体现，也是悠久历史文化与壮阔现实巨变的聚汇融通，更是深入贯彻习近平总书记重要指示精神的切实行动。爱惜和保护，让我们的城市敞开心扉，留住乡愁；创新和发展，让我们的城市充满生机，万象更新。

正是在这个意义上，热切期望"阅读天津"系列口袋书其他各辑，也能早日出版面世！

（主编系著名历史文化学者、天津市社会科学院研究员、天津市文史研究馆馆员）

HOW TO READ TIANJIN
FERRY CROSSING

展现天津乡音，唤醒城市记忆

天津是一座移民城市，明代实行军屯制度，外地大量移民以军事组织的形式来到天津一带屯田，从而出现了许多冠以姓氏的"官屯"地名。"燕王扫北"时，安徽宿州一带大批军士携带家眷来到天津。这些移民到天津后，"家庭承袭，邻里相望"，形成相对牢固的"语音社区"。于是，具有低平调的皖北方言成了天津的通用语。

在地理位置上，天津是历史上南北漕运的中心。明清两代，晋冀鲁豫和苏浙闽越地区的大量移居民或屯垦，或漕运，或逃荒，或经商，陆续迁至天津；随后，盐业、金融、工业、商业，乃至政界、军界、文化界诸多知名人士，都在天津安家落户。在移民文化形成的历史进程中，尤其是京畿、鲁、辽等环渤海地区的方言，对天津方言的形成和发展产生了较大的影响。

近代时期，天津九国租界里住着末代皇帝、总统总理、部长督军、豪族贵戚、盐商巨贾、外国政要和高官寓公。南北文化交汇，东西文化相生，上层雅文化与下层俗文化在这里融合，为天津人提供了能说会道的广阔素材。

从历史文化方面分析，如果说北京是皇城文化、精英文化，属于京派，上海是商业文化、外来文化，属于海派，那么，天津则是河海文化、通俗文化，属于津派。

津派的通俗文化里包含着幽默元素，人们经常会使用一个词来形容这种幽默，那就是"哏儿"。所谓"哏儿"，就是幽默诙谐，这个词淋漓尽致地体现了天津人待人接物的豁达胸怀，无论生活多么艰辛，天津人总怀有一种苦中求乐的意识，善于把人生严肃的课题游戏化、谐趣化，不和自己过不去，学会自己找乐儿。俗语有"卫嘴子"之说，就是对天津人能说、爱说、表达能力强，善于挖掘语言潜能的赞美之词。于是，天津人在日常生活中总是洋溢着达观聪慧和燕赵豪情，这种个性独具的城市性格，其外现形式就是别具一格的天津方言。

现实生活中的幽默，给枯燥的氛围吹来清风，给乏味的生活平添乐趣，给呆板的人际点缀作料。人们在捧腹开怀、解颐忘怀之时，生活的重负、人际的龃龉统统被抛至九霄云外。这种城市性格的生成和发展，别具一格，得天独厚。天津人以幽默、乐观的情怀，用特

有的喜剧天赋，给自己和这座城市注入积极乐观的力量。

我们试图以这本浓缩的小书来凸显天津精神、昭示天津智慧、展现天津乡音，使读者诸君窥斑见豹、一叶知秋，进而感知并领悟博大而多元的天津城市文化的某一个局部或某一个侧面。

本书精选天津方言最富特色的典型词语九十六个，分别从"天津市井""天津脾气""天津称谓""天津逸事""天津风物"五个方面呈现天津方言的个性。书中的词语，分别从读音（普通话汉语拼音在前，天津方言读音在后，并加括号以示区别）、释义、民俗语境、文化背景等方面进行简要诠释，并配有情景漫画，以图文并茂的形式呈现；力求突出知识性、故事性、生动性、可读性兼具的特色，将特有的津味幽默蕴含其中，对于帮助读者了解并学会说几句纯正的天津话，弘扬津沽文化、宣传天津城市形象，将不无裨益。

本书定名《乡音识烟火》，将天津方言的市井烟火气息体现得淋漓尽致。温馨的乡音，给人以发自心田的亲切感、认同感和归属感。天津的市井生活、天津人的性格特点与天津方言存在着血脉相通的关联。阅读这本小书，在唤醒城市记忆的同时，也让读者留住乡音、记住乡愁。

谭汝为
2022 年 9 月

目录
CONTENTS

天津市井

　　天津地处燕赵大地，九河下梢，河海相通，交通便捷。这里商贸发达，人气旺盛，人们交流多了，口才自然好。加上天津是移民城市，五方杂处。天南地北的人聚到一块儿，无论经商贸易，还是装船卸货，第一要务，就是用语言沟通，这是天津人能说会道的历史动因。

　　同时，天津还是戏曲码头、曲艺之乡、相声窝子——幽默大师的相声，金嗓鼓王的鼓曲，现挂找乐的天津快板儿。各地剧种的耳濡目染、长期熏陶，促进并提升了天津人的幽默感、想象力和口语表达水平。

　　天津人言辞犀利，语言得体，擅长交往。通过调侃抒情，凭借议论达意，妙在以四两拨千斤、化干戈为玉帛。天津人懂幽默，会幽默，口才好；懂礼貌，知礼节，会办事。这种乐和的性格、幽默的情趣和练达的社交能力，从干净利落、活泼俏皮的天津方言词语中可略见一斑。

bèir génr

倍儿哏儿

　　如果单说一个"哏"字，那可一点儿也不"哏儿"，必须要拖一个"儿"的尾音，说出来才算地道，"哏儿"就是"开心""好玩儿"的意思。

　　其实"哏"字，古同"很""狠"，元代戏剧家关汉卿的杂剧《救风尘》中，赵盼儿打周舍，赵盼儿唱道："则见他恶哏哏，摸按着无情棍，便有火性的，不似你个郎君。"这里的"恶哏哏"就是"恶狠狠"的意思。

　　天津人所说的"哏儿"，还包括对自身言行的调侃。例如，下雨路滑，二哥走路摔倒了，浑身上下都是泥，成了泥猴儿，够狼狈的吧！可转天上班，他自我描述道："昨个儿下雨，地面儿滑，还真哏儿，我一不留神，一个老头儿钻被窝儿（脚下一滑，仰面摔倒的样子），蹽出有五尺多远啊！"

　　"倍儿"多用于口语词，有"非常""十分"的意思。如"说话倍儿贫""脑门儿倍儿亮""小伙子倍儿精神"等。

wǔjǐ liùshòu(wújí liùsòu)
五脊六兽

五脊六兽，原义是指中国传统建筑（如宫殿、庙宇等）上的烧瓷镇宅瑞兽，通常在五根房脊的边缘固定安放六个。只有经皇帝特许的功臣，其宅邸才可安装，称为"仪脊""脊兽"，以示殊荣。

因为五脊六兽长得凶神恶煞、龇牙咧嘴，所以常用来形容抓耳挠腮、手足无措，或无可奈何、没着没落，或心烦意乱、神不守舍等精神状态。例如："一天到晚没事儿干，闲得他五脊六兽的。""你看他，刚挣了俩钱儿，就烧得五脊六兽的。"

天津人说一天不干活儿就五脊六兽的人是贱骨头，天生的吃窝窝头儿的脑袋瓜子。天津人天性爱好休息，如果有一天可以不干活儿，绝对不会五脊六兽，早跑出去听说书的去了，实在没事儿，还凑几个人找地方打打扑克呢！

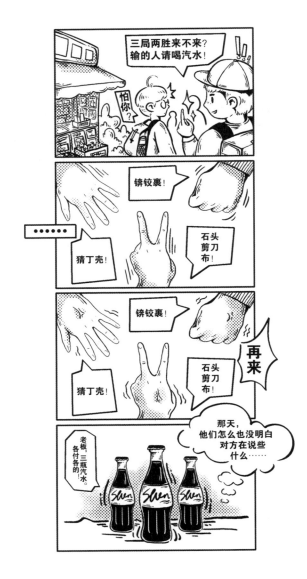

bēnjiǎoguǒ(bènqiáoguǒ)

锛铰裹

锛铰裹是对猜拳游戏的称呼。

做游戏决定排序、赌输赢、分高下时，游戏者们将手放在背后，高声齐呼"锛铰裹"，然后迅速伸出手，或攥拳作锤子状，或伸出食指和中指作剪刀状，或摊开手掌作布状，以手势定胜负。

"锛""铰""裹"突出了循环相克的三种物品的功能。锛：木工用的一种平木器、削平木料的平斧头；铰：一种金属切削工具，称"铰刀"；裹：包住、缠住。

这种游戏形式，在中国其他城市也被称为"石头剪刀布""猜丁壳"等。

dáochi（dáoci）

捯饬

过去，天津人把梳洗打扮、整理仪容，叫作捯饬。例如："这么一捯饬，小姨可漂亮多啦！""人靠衣装马靠鞍，老兄今儿个一捯饬，立马年轻十岁！"

"捯饬"和我们经常说的"化妆"意思相近，都有修饰容貌的含义。但是，捯饬有更广泛的用法，可以指修饰容貌以外的事物，比如家装公司的装修工捯饬捯饬房子、出版社的编辑捯饬捯饬稿子等。

捯饬要把握好分寸，若是打扮得不得体，则叫作"侉捯饬"。天津近郊旧时有一首民谚，"天津卫的人儿，小白脸儿，脑瓜儿门上挤红点儿"，用当今的审美观点来看，这形象确实令人不敢恭维。

"捯饬"也作"捯饰""捯嗤""掇饬""捣饰""刀尺""倒斥""倒扯"等。

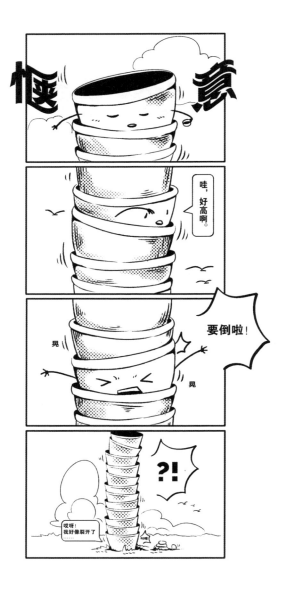

luóluogāng
罗罗缸

　　马三立相声有一段贯口："一羊也是赶，俩羊也是放。捆着发木，吊着发麻。惹惹惹，敲破锣。罗罗缸，卖生姜……"其中的"罗罗缸"，实际应是"摞摞缸"。

　　旧时出售缸盆的商店，满院立着水缸，堆满各色大小成套的缸盆，一个套一个，一摞压一摞。缸盆码得高，立不稳，稍有不慎，就稀里哗啦，接二连三，牵五挂四，犹如多米诺骨牌，轰然倒塌。

　　故用"罗罗缸"比喻一连串纠缠不清的麻烦事。例如："这不就是罗罗缸嘛，一环套一环的罗圈儿官司，谁都没法儿倒腾清楚！"

　　天津是商业都市，经济往来讲求清清楚楚、心明眼亮。商家在收款找零时，坚持唱收唱付、日结日清，就是防止"罗罗缸"。

走畸

"走"指"走样"，即失去原有的样子。"畸"指"畸形"，即形态异常。也作"走基"。

"走畸"属于多义词。第一，形容物体变形。例如："这几个窗户年久失修，雨淋日晒的，全走畸了。"第二，形容人失去原本的模样。例如："混混儿一旦被拿到案，能耐酷刑，虽鞭笞抽打，亦面不改色，口不求饶，否则就是栽了，行话谓之走畸了。"第三，形容邪门歪道，犹言"岔道儿"。例如："这人办事，事事走畸！"第四，形容艺人演出时荒腔走板。例如："嗨嗨嗨，又走畸啦！跟师娘学的吧？"

有人把"走畸"写成"走鸡"，并将其与"髻鸟""拿拿龙""妖蛾子"合称为"天津四大神兽"，不过是笑谈而已。

shùn（shún）

　　天津人所说的"鬊"，有三种意思：

　　第一，指面貌丑陋。例如："瞧他那鬊样！鬊德性！"

　　第二，指羞愧，难堪，丢人。例如："你考试三门不及格，我都替你嫌鬊！""他当着那么多人数落我，我多鬊啊！"

　　第三，指丧气，晦气。例如："上班路上丢钱包，今儿个真鬊气！""你这个乌鸦嘴，又念鬊了！"

　　由"鬊"又产生了一个惯用詈语——"鬊鸟"，指面貌丑陋、衣着奇特、不被待见的人。例如："那个小鬊鸟，又出来丢人现眼啦！""林子大了，备不住飞出一两个鬊鸟来。"

déleng
得楞

天津人爱说"得楞"，就是简单修理的意思。一般用于自行车掉链子、拉链拉不开、台灯不亮、闹表不响之类的小毛病。例如："车棚里有十几辆旧自行车，能得楞的就尽量得楞好了。"至于汽车出了毛病、电脑死机、彩电坏了，那就得请专业人员维修了。

另外，"得楞"也可以用于人，有使之服从就范的意思。

比"得楞"更厉害的，就是"拿龙"了。"拿龙"是修自行车的术语，即对变形的瓦圈进行矫正。马志明的相声《纠纷》中，王德成和丁文元斗嘴，"我给你拿拿龙"惹来一片笑声。"拿龙"是形象的比喻，即好好地得楞得楞，矫正其毛病的意思。也作"得弄"。

yāo'ézi（yāonézi）

妖讹子

　　"妖讹子"，指鬼点子、坏主意，也指有悖于常理的事物。例如："平白无故地净闹妖讹子。""你出什么妖讹子？姑爷还没有呢，就惦记着怎么拿姑爷出气。"

　　天津人说："放着好日子不过，你作妖呀？""作妖"的"作"，读一声。所谓"作妖"，就是指某人异想天开、铤而走险，企图做常人不会做的事情。"讹"，指谬误、虚假。"妖讹子"是口语词，落在字面上还会写成"妖蛾子"或"幺蛾子"。

diànba

垫巴

　　"垫巴"，作动词"填补"的意思，也指饭前的小吃。例如："你饿了吧，先来块点心垫巴垫巴。""垫巴"的词义突出"垫"字，后边的"巴"为后缀，没有实际意义。正戏开演前，垫出小戏，叫"帽戏"，相声表演开始时，总要有寒暄或开场白，叫"垫话"。可见"垫"有四个特点，一是列于前面的，二是比较次要的，三是分量较轻的，四是起填充作用的。

　　"垫巴"常写成"垫补"。出席正规会议时，在上午10点、下午3点左右常会安排茶歇，就是"垫巴"。有时也说"垫垫"，例如："二儿他妈妈，你给我烙俩糖饼，我好垫垫啊！"

wǎiní

崴泥

　　天津人遇到麻烦事，或工作棘手，或事情难办，或谈判陷入僵局，程度轻一点儿的就说"冻豆腐——难办"，程度严重的就说"崴泥了"。

　　"崴"指扭伤，"泥"指烂泥。"崴泥"指陷在烂泥里，比喻陷入困境，事情很难处理。"崴了"是"崴泥"的简称。例如："幸亏身边有个贤内助，要没她，我早就崴了。"再如，刘文亨、王文玉的相声《评书漫谈》中，赵云在长坂坡说："我崴了！他们人太多，一帮一伙儿，我打不过他们呀……"马三立在相声表演中模拟过各种车辆的喇叭鸣叫声，其中警车"崴了，崴了，崴了……"给人留下深刻的印象。

tūlu

秃噜

天津话中的"秃噜",也作"突噜"。主要有五种意思:

第一,表示被迫吐露真情。例如:"一进派出所,立马全秃噜了。"这个"秃噜"是坦白交代的意思。

第二,表示说话不算数。例如:"你今个儿说的算数不算数?到时候可别秃噜!"这个"秃噜"是变卦,自食其言的意思。

第三,指失言。例如:"我那天喝高了,说秃噜了。"

第四,指发生口误。例如:"报幕员说秃噜嘴了,把'笛子独奏'说成'独子笛奏'了。"

第五,形容吃饭速度极快。例如:"一把揪下了鸭脖子,三口两口就给秃噜了。""没一会儿工夫,一盆熬白菜四个馒头,全秃噜下去了。"

xuémo

踅摸

"踅摸"的"踅"为会意字，从足从折，有来回走的意思，"摸"是用手探取的意思。

所谓"踅摸"，第一是指搜寻（物品）。例如："到旧书店去踅摸两本书。""鸽子肉是朋友踅摸来送给我的。"

第二指探听。例如："有合适的房子，您给留神踅摸着。"

第三指物色人、寻求人。例如："小李也老大不小了，我琢磨着得给他踅摸个对象。""她是个打灯笼都难踅摸到的好媳妇呀！"

因为"踅"字太生僻，天津人习惯把它当成"学"。例如："老太太想吃野菜馅饺子，你哪天得空儿替我学摸点儿马齿苋来。"这个"学"就是"寻找"的意思。再如："当时，人们一个劲儿地学摸旧家具，学摸老掉牙的盆盆罐罐，学摸看着不起眼儿的老古董。"可见"学摸"的对象，都是稀罕物，没听说过"出去学摸一把油菜、两斤土豆"的。

dāguànr
搭罐儿

　　"搭罐儿"本为斗蟋蟀术语，指格斗落败一方或一味躲闪不张嘴的蟋蟀，由主人用手将其从罐里搭出。后比喻从队伍中剔除。例如："嗨！说你呢，别往队伍里夹个儿，再不守规矩，就把你搭罐儿了！"

　　"搭罐儿"也指因能力不足或工作失误而被撤职调离。在体育比赛中，若参赛选手表现不好而被替换下场或被淘汰出局，就可以使用这个词。例如："这场比赛再输了，可就彻底搭罐儿了。"

　　"搭罐儿"可简称为"搭"。如两人下棋，围观者不少，在旁边支嘴儿的急性子说："这下的嘛臭棋，快搭，换一个！"——这个"搭"就是淘汰的意思。

mǎrmì

码儿密

　　"码儿密"，指诡秘、暧昧、隐蔽的事，也指暗箱操作，耍花招儿。

　　这个词是从电报码取义的：电报码分为一般和加密两种。加密的电报码是特别编定的，外人根本无法知道其含义。于是，天津人就把局外人不明白的隐秘言行，见不得阳光的隐蔽行为，均以"码儿密"称之。例如："这个地方码儿密太多，咱少惹事，甭多问。"

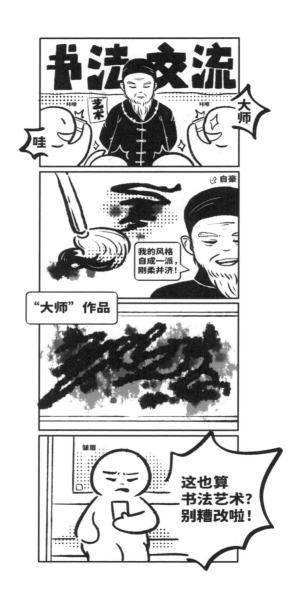

zāogǎi

糟改

　　"糟改"的"糟"是坏的意思，如糟得很、事情糟了等，"改"是改变的意思。"糟改"，就是把某人往坏处说，有丑化、戏弄的意思。例如："他要想琢磨谁，能把人糟改透了。""你这是夸我吗？简直是拿我糟改！"

　　另外，"糟改"还指胡闹、荒唐。例如："有你这么办事的吗？纯粹是糟改！""这也算书法艺术？别糟改啦！"

　　"糟改"比"打镲""找乐"的词义程度更重。"打镲""找乐"毕竟属于开玩笑的范畴，而"糟改"，则是夸大缺点、尽力丑化的意思。

腌白菜

跑气

坛内

变质

多好的白菜啊，
碰到坛子跑气，
白腌浸了！

臭

yānjin
腌浸

　　天津人说的"腌浸"，是埋没、糟践的意思，也作"淹浸"。例如："花这么多钱，事儿也没办成，这不是白腌浸吗？"

　　"腌浸"主要有三种意思：

　　第一，比喻人才被埋没。例如："这么好的人才在这个倒霉单位，可惜了，白腌浸了。"

　　第二，比喻情感遭到践踏。例如："杜十娘将一片真情托付给李甲，可惜了，腌浸了。"

　　第三，比喻物品被糟践。例如："明珠暗投，无人识货，无价之宝也被腌浸了。"

zāimiànr
栽**面儿**

栽面儿，指丢面子，当众出丑。例如："你演砸了，我们也跟着栽面儿。""都是一时逞强，谁也不服谁，谁也不能栽面儿！"

过去，在天津西北角城隍庙，每年农历四月初八庙会的傩戏表演广受欢迎。表演者戴面具耍范儿跳傩，酬神谢恩。所戴面具称为"傩面"，俗称"面子"。在旧社会，演艺行当属"下九流"，但常有富家子弟隐匿身份积极参与，因有"面子"掩容，便忘情嬉戏。每当狂热跳傩之时，被家人或友人发现，摘其面具，露出原形，则顿感颜面尽失，尴尬不已。天津人称之"摘面儿"或"栽面儿"。

"栽面儿"简称"栽"，即因失误而出丑。例如："这回他可要栽啦！""今儿个不让这小子栽到底，把我这王字倒过来写。"

huóyú shuāisǐle mài
活鱼摔死了卖

　　"活鱼摔死了卖"比喻某类人不会办事，不会做顺水人情，结果把漂亮事儿办蠢了，把好事儿办砸了。

　　有些事不管早晚，必须得做。早做，主动做，皆大欢喜，赢得一片喝彩，事半功倍。晚做，被动做，最终也得做，但错过最佳时机。最后付出的财力、物力、人力，一点儿都不少，但受益者觉得你并非出于真心，是不得已而为之，是皱皱巴巴的应付，是大势所趋下的被迫。结果大家不领情、不买账，反倒骂你是"吝啬鬼，穷抠儿，小家子气"，是"牵着不走，打着倒退"，是"雨后送伞"。

　　为啥不"雪中送炭"？为啥要"放着河水不洗船"？非得"活鱼摔死了卖"，何苦呢？

gǒu qí tùzi
狗骑兔子

　　狗骑兔子，是对烧柴油的农用三轮车的戏称。所谓"狗骑兔子"，其名字的来源有两种说法：

　　第一种说法来源于形象。开这种车的人大多会戴上有两个护耳的大棉帽子，开车的时候两个护耳上上下下，忽悠来忽悠去的，像狗耳朵一样。车的前辖辘又像兔子的大板牙，故称之。

　　第二种说法来源于声音，是从农用车启动过程得来的。早些时候，一般都是柴油农用三轮车，启动需要用摇把启动，摇的时候声音像是"狗骑，狗骑，狗骑……"，启动后声音就变成了"兔，兔，兔……"，人们就把这种农用三轮车戏称为"狗骑兔子"。

　　随着时代的发展，人们把有棚子的电动三轮车也叫作狗骑兔子，它在全国各地还有各种叫法，比如"三蹦子""老头儿乐""电驴"等。

qǐhòng 起哄 jiàyāngzi 架秧子

　　"起哄"是"吵闹""搅扰"的意思，指故意制造、参与、鼓动乱糟糟的局面。在稠人广众之中，许多人用言语表达对当事人的不满等情绪，如球场嘘声、戏园子叫倒好之类。

　　"架秧子"指设温柔骗局使他人上当。旧时富豪子弟，被人们蔑称为"少爷秧子"。"架秧子"的"架"，就是支撑、高抬的意思。清朝覆亡后，八旗子弟失去了谋生的手段，只好变卖家里那点儿值钱东西。古董商人带"托儿"登门造访，先把少爷及其家族一通吹捧高抬，少爷被捧得晕晕乎乎的，一高兴，挺值钱的东西仨瓜俩枣就卖了出去。人们背地里把不识货的少爷叫"秧子"。连捧带哄，把少爷忽悠得五迷三道，这就叫"架秧子"，带有哄骗怂恿的性质。后来泛指怂恿煽动人们哄闹捣乱。

yīnǎoménzi guānsi（yìnǎoménzi guānsi）

一脑门子官司

“官司”就是诉讼。作为草根良民，谁也不愿招惹官司，都想离官司远远的，最好是北极熊和非洲象，这辈子谁也见不着谁才好呢！

但现实生活中有一类人，就是“一脑门子官司”——烦躁皱眉没笑容，绷脸噘嘴没精神，见谁都爱答不理，看谁都不顺眼。“一脑门子官司”不能说成“一屁股官司”，同理，“欠了一屁股债”也不能说成“欠了一脑门子债”。为嘛？“脑门子”最显眼，一目了然，“打官司”最烦人，一筹莫展。“脑门子”跟“官司”搭配，珠联璧合。债台高筑，就得用“屁股”形容。因为欠账的在前边走，屁股后边跟着一大群债主——这滋味也不好受！

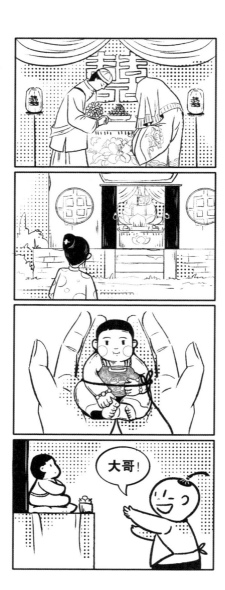

wáwa dàgē
娃娃大哥

　　天津方言里的"娃娃大哥"不是寻常意义的小孩儿，而是泥巴捏成的塑像。

　　旧时的婚姻观念是早成家、早生子，但因医疗卫生条件很落后，天花、麻疹、肺炎等严重威胁新生儿的生命。生下男孩儿并平安健康，是全家人的热切期盼。受此观念影响，新婚不久的媳妇会到娘娘宫去"拴娃娃"，拴来的泥娃娃会被当作家中长子，这成了天津独特的民俗。

　　旧时，老天津卫居民家里几乎都有"娃娃大哥"。由此，头胎男孩儿排行就成了"老二"。老二、老三对"娃娃大哥"毕恭毕敬，尊之为兄长，且辈辈相延。数十年后，逢年过节，老二、老三的子女也会对"娃娃大爷"叩拜行礼。

47

磨坊的驴——听喝儿

天津方言，把听从安排、听人指使，称作"听喝儿"。其中的"听"，就是"听从"的意思，"喝"，就是"吆喝"的意思。

"听喝儿"这个词，产生于老天津下层社会的一种事由（职业）。其特点：不坐班，在家里听喝儿。活儿来了，或装卸，或运输，或搬家，或装修，就有人招呼你。

"磨坊的驴——听喝儿"，表现出一种消极的精神状态或工作态度，当一天和尚撞一天钟，缺乏主动性和积极性。还有一句相关的俏皮话"磨坊的磨——听驴的"，在诙谐中把顶头上司损了。

卖不了的秫秸——戳这儿了

　　"秫秸"指高粱秸秆，"戳这儿了"指在一处长久站立。动词"戳"后面多搭配物，如"胡同口戳着一根电线杆子"。

　　天津方言把人长时间站着，也说成"戳"，例如："没座了，咱在边儿上戳着吧。"在公交车上，个别的年轻人二郎腿一跷，眼皮一耷拉，稳稳当当地坐着，目中无人，而老人、孕妇、孩子却成了"卖不了的秫秸"。

　　某场合遇到一个不受欢迎的人，有资格的老人摆一下手，对他说："别在我这儿起腻，给我一边儿戳着去！"这里的"戳"，带贬义，就是"哪凉快哪待着去"的意思。

属蛤蟆秧子的——没眼眉

汉语中，描摹人的神情，有时以"眉"代"眼"，例如"喜上眉梢、扬眉吐气、愁眉不展、摧眉折腰"等。

天津人把不识时务、不识趣、不能应变、看不出"眉眼高低"的人，说成是"没长眼眉"或"没眼力见儿"，而对善于观察、反应快、有悟性、能见机行事、机敏灵活的人，天津人叫"有眼力见儿"。例如："在办公室工作，就得有眼力见儿。工作千头万绪，大事小情、轻重缓急，得统筹兼顾，眼里有活儿，手脚麻利。死眉塌眼不行，没眼眉不行，死羊眼，那就更不行啦！"

天津脾气

天津自开埠以来，外商就进入天津并设立洋行，后逐步演变为贸易中心，其城市地位不言而喻。城市地位的提高、新生活方式的流行、大城市出现的新鲜事物，造就了天津人的优越感，能说会道便是这种自信心的外在表现形式。

不同于世世代代居住在古老城镇的乡邻，彼此知根知底，相互了解，天津卫的居民来自五湖四海，这就造就了天津人好"外面儿"的特点，因为互相不熟悉，所以彼此十分注重外在的体面。在人与人的交往中，常遇到需要处理的事情，特别是发生龃龉甚至纠纷的时候，双方都不把话说绝，更不会把事情做绝。双方都讲"外面儿"，事情就不难解决。

进入 21 世纪，顺应社会发展的天津人正在向更健康、更文明的性格方向不断转变。新天津的面貌，正由新时代的天津人书写。

ma（mà）

　　疑问代词"嘛"，是流行于京津一带的方言词，意思是"什么"。但北京话读成 má，如广告词"吃嘛嘛香"，而在天津话中却读成 mà，如歇后语"半夜下馆——有嘛是嘛"。

　　天津话疑问代词"嘛"常常表示"什么"的含义。例如："你姓嘛叫嘛，想干嘛？""要嘛有嘛，想嘛来嘛。""说嘛不听嘛，给嘛不吃嘛。"

　　"嘛"在天津话里，可组成三个常用的短语：

　　一是"嘛事儿"，表示"什么事情"。

　　二是"嘛玩儿"，表示"什么意思"。

　　三是"嘛玩意儿"，表示"什么东西""怎么回事"，或为责骂语。

chuánrliàng（cuánrliàng）

椽儿亮

　　"椽儿亮"为通达干练、顺应形势、识时务、会办事的意思。例如："这小伙子行，椽儿亮，将来错不了！"

　　所谓"椽"，即"椽子"，指盖房时，放在房檩上架着屋面板和瓦的木条。"椽亮"本指屋顶开天窗，或屋顶为敞开或半敞式的建筑形式，即"明椽亮瓦"，后指毫无遮拦地袒露心曲。

　　天津人把旧时门窗上方的小窗户称为"上亮子"，突出其位置和采光效果。天津人所说的"椽儿亮"，赞扬了胸襟开阔、思想通达、头脑灵活、办事麻利的人。

tàihai（tāihai）

泰嘻

　　天津话"泰嘻"，就是安宁惬意、逍遥快活的意思。例如："我们这儿忙得脚丫子朝上，你倒挺泰嘻的！""每天下班后，一瓶啤酒，一盘炸果仁，那泰嘻劲儿，甭提啦！"

　　"泰嘻"落到文字，产生了多种写法。例如："胎孩""胎海""胎嘻""台孩""抬颏"等。其实，"泰嘻"表示自得其乐的意思，和"胎儿""孩子"毫无关系，只不过是借字记音罢了。

　　我们主张把这个词写成"泰嘻"。"泰"，表示平安，安宁，如神情泰然、处之泰然、泰然自若等。"嘻"是叹词，在此为词缀，无意义。至于"泰嘻"的"泰"读为一声，属于俗读变调。

dēbo
嘚啵

"嘚啵"，指絮絮叨叨地说话，多重叠使用。
该词在词义上有三个特点：

第一，不是一本正经地对话，而指随意谈话、
聊家常。

第二，不是暗中打别人的小报告，而是把
话说在明面上。如单位的主任说："有件事跟
大家嘚啵嘚啵。"不是传达上级精神，只是说
上三五句话，敬希周知。

第三，感情色彩一般属中性，有时属贬义。
例如："这事儿弄得我有点儿别扭，赶明儿得
跟二闺女嘚啵嘚啵。"这自然属于中性的。但"一
嘚啵起来，就没完没了"，并且絮絮叨叨，反复讲，
变成碎嘴子，就令人厌恶了。

bǎngdàlì(bǎngdalì)

膀大力

　　据文化学者李世瑜先生考证："膀大力"，是英语boundary 的音译，意为边界，引申为到头、到底、到家。

　　"膀大力"（boundary）最初在天津洋行和码头的高级雇员中流行，逐渐成为码头的习惯用语，最后流传到社会。但当时的天津人对其外来语的身份和原始词源却茫然不知，认为"膀大力"指膀大腰圆、卖苦力干粗活的人。于是"膀大力"就被引申为"实在的""真格的""不掺假"的意思。例如："跟您说膀大力的吧，最低价 800 元，再少不行了！""说别的都是老爻，挣钱养家是膀大力的！""膀大力"可简称为"膀"，例如："别弄那花拳绣腿的玩意儿，咱实打实说膀的。""别贫气，我跟你说膀的。"

dāge

搭咯

　　"搭咯"本义是联系、接触、介绍，又作"答咯""搭搁"。例如："搭咯了几家，都嫌你要价高。" 这里的"搭咯"是联系的意思。再如："小王是个自来熟，爱说话，很快就和管理员搭咯上了。"这里的"搭咯"是接触的意思。小伙子托付老大姐给自己介绍对象，就说："有合适的给我搭咯着。"这里的"搭咯"是介绍的意思。

　　另外，"搭咯"还指聊天儿。例如："晨练时几个老太太凑到一起闲搭咯。"至于"乱搭咯""瞎搭咯""滥搭咯"就明显带有贬义了。

shuǎngshén（suǎngsén）

　　"爽神"，意为简单、省事、心情清爽愉快。例如："黄瓜菜码儿麻酱面，咱今晚吃爽神的！"这里的"爽神"是简单的意思。

　　再例如："您这个办法太爽神了！""你找他去办更好，我倒爽神了。"例句中的这两个"爽神"是省事的意思。

　　又例如："处处使人眼开眉展，爽神悦目。"这个"爽神"是心神清爽愉快的意思。

　　天津话简短明快，嘎嘣脆，外人听来有一种天生的幽默效果。如用两字评价，就是"爽神"。

áobiào（náobiào）

熬鳔

"熬"，是把东西放在容器里长时间地煮。"鳔"，即鳔胶，是用鱼鳔或猪皮等熬制而成的一种胶，多用来粘木器。

"熬鳔"是慢活儿，须微火慢熬，要花费较长的时间。"熬鳔"比喻人长时间执着于某一固定目标的状态。

"熬鳔"可用于人，例如："这孩子一会儿也离不开妈，整天跟妈妈熬鳔。"也可用于物，例如："他纹丝不动，整天跟电脑（麻将、股票、足球等）熬鳔。"

"熬鳔"这个词的感情色彩可褒可贬。正面含义是说一个人专心致志地做一件事情，不达目的决不罢休，负面含义就是起腻磨缠。譬如说："一整个暑假，范老师都在跟辞典熬鳔。"这里当属褒义。再如："不给他涨工资，没门儿！他老兄缠着王主任整整三天，白天在办公室里喝茶起腻，下了班到主任家里继续熬鳔……"这里的"熬鳔"，就是软磨硬泡，不达目的，绝不罢休！颇有几分无赖色彩，自然就属于贬义了。

dàwěiba yīng（dàyǐba yīng）

　　"大尾巴鹰"的字面义：指尾巴特别长的鹰。其实，"鹰"的外形特征是钩嘴利爪、双翅强劲，故能高飞云端，俯瞰大地。鹰要是长上孔雀式的大尾巴，那就成了累赘，不仅飞不起来，恐怕得活活饿死。

　　"大尾巴鹰"比喻自高自大、目中无人、不知天高地厚、好大喜功、自以为了不起、性喜招摇的人；比喻自以为是，七个不含糊、八个不在乎，事事逞能耐、处处充好汉的人。

　　最典型的大尾巴鹰，就是刘宝瑞的相声《贾行家》里开张头一天就卖掉"白鸡"（白芨）"银珠"（银朱）和"父子"（附子）的假行家。

bàci

跁呲

　　"跁呲"，原指在泥泞的道路上艰难地行走。例如："这么大雪，别出去跁呲了。"引申为鞋上有泥水而弄脏了室内地面。例如："外面下雪，进屋换鞋，免得把地板跁呲脏了！"

　　后比喻在艰难的环境中努力奋进。例如："两口子下岗，孩子上大学，跟您说，我不跁呲行吗？""咱大伙儿只有向前跁呲，才有希望！"

èr bāba

二巴巴

　　"二巴巴"指技术不精、学问不深或本事一般。

　　例如："在正兴德卖茶叶，在瑞蚨祥卖绸缎，别小看这活儿，二二巴巴的，还真干不了！""在这条路上开车，要是换个二巴巴的司机，准掉沟里。"

　　"二巴巴"这个词是从"二把刀"引申来的。而"二把刀"则来源于泥瓦匠，人们把技术最好的泥瓦匠称为"头把刀"，头把刀常常垒墙角，叫"把垛子"。技术不够好，勉强凑合的则称为"二把刀"。

　　"二巴巴"也作"二二巴巴"。"巴巴"属于叠音词缀，没有实际意义。

gésè

格涩

　　"格涩"指性格特殊，行为古怪，做事不通人情事理。例如："这个人真格涩，跟谁都说不到一块。""这支很格涩的娶亲车队，成了天津街头的一大景观。"也写作"各色""个色"。

　　天津作家林希先生曾写过题为《格涩》的短篇小说，主人公是天津德士古洋行经理格赛。有一次，格赛经理和一位中国客户在起士林餐厅吃饭，每人要了一份牛排。吃完，格赛经理抢着付账，急得那位中国客户和他争了半天。待格赛经理付账之后，两人一起往外走。忽然，店伙计拦住了那位中国客户，深深鞠了一躬，温柔地说："先生，请结账！"哟，原来那个格赛经理只付了自己那份牛排的钱，至于中国客户吃的那份，他没管！于是天津人背地称格赛经理为"格涩"。

zuōbiězi
嘬瘪子

比喻遇到困难，遭到挫折，处境尴尬。

"嘬"，即用嘴吸吮，如"小孩儿嘬奶""嘬柿子"等，"瘪"，即不饱满。小麦、大豆等颗粒不饱满，就叫瘪子。

人们遇到棘手的事儿，则眉头紧蹙，咂嘴沉思，这种神态，天津话叫"嘬牙花子"。愁思重的人脸颊消瘦而凹陷，天津话叫"嘬腮"。所谓"嘬瘪子"，比喻遇到为难的、发愁的、尴尬的事儿。例如："我英语二把刀，你让我当翻译，非嘬瘪子不可！""他见了生人就脸红，你却让他在婚礼上讲话，这不是让他嘬瘪子吗？"天津俏皮话"老太太吃柿子——嘬瘪子"，也形象表现了这个场景。

jiáoqing

嚼情

天津话"嚼情"有两种含义，皆为贬义：一是无理狡辩，没理搅三分。例如："明明就是你错啦！还嚼情嘛呢？"二指口角、争吵。例如："刚才还好好的，怎么两个人嚼情起来啦？""咱今儿个当着大伙儿把事儿说清楚了，省得以后犯嚼情。"

天津方言中，"嚼"可表示"说话"，指口若悬河、滔滔不绝地叙说。例如："俩人到了一块，就嚼起来没完。""吃饱了没事，穷嚼臭叨瞎白话。"

另外，"嚼"还表示能言善辩的意思。例如："这小子没理搅三分，可能嚼啦！全公司百十号人，谁也嚼不过他。"

yì zuǐ lúhuī zhāzi(yì zuǐ lúhuī zāzi)
一嘴炉灰渣子

"一嘴炉灰渣子",批评某人言语粗野,污言秽语不堪入耳。在日常生活中,如果污水秽液漫流,弄脏地面,人们就用铺炉灰渣子的方法来清污除垢。

《红楼梦》写凤姐协理宁国府时,贾府的屈原——焦大(鲁迅语),在马厩醉酒时大骂主子"扒灰""养小叔子",结果王熙凤下令将焦大捆绑起来。为了不让焦大再闹事,就地取材给他塞了一嘴马粪!

天津虽有南马集、马棚胡同等老地名,但"马粪"毕竟稀罕难寻。天津话说某人"一嘴炉灰渣子",意为对付嘴里不干净的人,就得用炉灰渣子塞满其口,以阻止其污言秽语之泛滥。当然,这是夸张诙谐的说法,并不会付诸实践的。

báchuǎng(bácuàng)

拔闯

　　"拔闯"源于成语"飞扬跋扈"中的"跋扈"二字。跋扈通常指个人品德，也包括一些人的生存状态，形容狂妄暴戾、欺上压下。东汉文学家、科学家张衡在《西京赋》中描写皇帝出巡时写道："迥卒清候，武士赫怒。缇衣韎韐，睢盱拔扈。"这里的"拔扈"就是为皇帝助威的意思，皇帝出巡，要清出道路，喝退路上的行人，天津俗语"拔闯"就有"助威"的含义。

　　"拔闯"指在纠纷、冲突中，为一方壮胆助威、打抱不平，例如："媳妇儿受了气，娘家哥来给妹子拔闯。""今儿个南市的哥们儿替咱拔闯来了。""双方剑拔弩张，这时再出来俩拔闯的，那就乱成一锅粥啦！"

nìwai

腻歪

"腻歪"，也作"腻味"，指寂寞无聊、内心烦闷。例如："自己一个人待在家里，多腻歪啊！""他就盼着老婆下班儿早点儿回来，搭咯搭咯话儿，要不腻歪死了。"

也指厌烦。例如："躲一边儿去，别给我添腻歪。""我就腻歪他照本宣科地长篇大论。"

另外，还指使人厌烦，多出于年轻女性之口，为使动用法。例如："整天没话搭咯话地套近乎，真腻歪人！"

rěre(rére)

惹惹

"惹惹",有乱起哄、瞎胡闹的意思。例如:"整天没正文儿,凑到一起,瞎惹惹。"

天津作家写本地的小说,喜用"惹惹"这个词。冯骥才《阴阳八卦》:"找他干嘛,瞎惹惹,乱掺和,再来个不干正事的,添忙还是添乱?"林希《五先生》:"侯家老七侯宝成,有点儿机灵劲儿,街面上跟着瞎惹惹,走到哪里吃到哪里,倒也饿不着。"

在老天津卫,凡入围"惹惹"界的人,必备三个条件:一是无职无业,二是无所事事,三是性情好事。具体说,饱食终日,无所用心;捆着发麻,吊着发木;无事可干,吃饱撑的;剩余精力,无处排遣,于是,就呼朋引类"瞎惹惹"。

"惹惹"的结果往往不妙。天津话顺口溜:"没有事儿,一惹惹就生事儿;出了事儿,一惹惹就坏事儿;少一事儿,反成了多一事儿;结果是'待业青年去劳务市场——没事儿找事儿'。"

wōbór

窝脖儿

　　"窝"指心里郁闷却不得发作。如心里有火却无处撒，叫"窝火"；心里委屈却不得发泄，叫"窝气"；受欺负吃了亏，却难以表白，叫"窝心"。

　　"窝脖儿"就是碰钉子、不给面子的意思。例如："你别去，去了准得给你个窝脖儿。""要跟她起腻，十之八九都得吃窝脖儿。"

　　天津俗话："卖卤鸡的拤提盒，不吃卤鸡吃窝脖儿。"用微火炖煮卤鸡，鸡头和脖子容易脱落，为保持鸡身完整，在制作时就得把鸡脖子弯过来，把鸡头窝到翅膀下面。我们吃卤鸡时会发现，鸡脖子都是弯如"U"形的，这就叫"窝脖儿"。

　　其实，"窝脖儿"的"脖"应是"驳面子"的"驳"，即因对方"驳面子"而使自己窝心，只是用"吃窝脖儿"显得更形象、更生动。

zhàchìr (zàcìr)

　　"奓翅儿"的"奓"是张开的意思。

　　"奓翅儿"原指禽鸟张开翅膀奋力搏斗，后比喻人锋芒毕露的挑衅行为。例如："你也不看看这是嘛地方，老实点儿，少奓翅儿！""我这算嘛腕儿，拿俩奖就奓翅儿，我敢吗？"

　　《水浒传》写鲁提辖拳打镇关西，那个平时横行乡里、欺男霸女的郑屠，却慑于鲁提辖的威势，诺诺连声，不敢"奓翅儿"。

bùjuémèn(bùjiǎomèn)

不觉闷

　　"不觉闷"，有因缺乏自知之明而不知趣，说话不合时宜，办事令人厌烦之意。例如："大伙儿都这么说，他还是不听，真不觉闷！""他自称大师，还在老家给自己修故居，太不觉闷啦！"

　　所谓"不觉闷"，就是按常情常理对自身的作为本应感到愁闷羞愧，但他却毫无感觉。俏皮语"二小儿吃烩饼——不叫（觉）焖（闷）"。以前小饭馆的大众饮食，会把顾客带来的烙饼切成细丝后加工，或烩或焖，区别在于汤汁多少。"二小儿（选择）吃烩饼（的做法）"，就是"不叫（饭馆师傅去）焖"，谐音"不觉闷"。再现了当年老天津卫的饮食习俗，很诙谐！

mǎnzuǐ shíhuǒ
满嘴食火

按中医说法，"食火"指吃多了，肚子发胀，消化不良，就是"吃饱了撑的"。天津话说某人"满嘴食火"，就指此人虚火上升，头脑发热，"坐飞机伸小手——胡天"，吹牛浮夸，满嘴胡话。

一个人好虚荣，偶尔说点儿过头话，无可厚非。但大梨吹得太玄，太出格，天津人就说是"满嘴食火"了。

《艾子后语》里记载了这样一个故事——战国时期，赵国有位方士喜说大话。有人问他多大岁数了，他回答说："你问我多大岁数了，其实我也忘了，估计距我出生到现在已经几千年了，我迷迷糊糊记得小时候站在伏羲身边看他画八卦。女娲补天时，我在天地中央平稳之处。神农尝百草时，我辟谷久矣。蚩尤曾经带兵攻打我，被我用一根手指头打得头破血流……"这样的故事天津人听了大概就会用四字评价——"满嘴食火"，也可以说是"满嘴跑火车"或"满嘴跑舌头"。

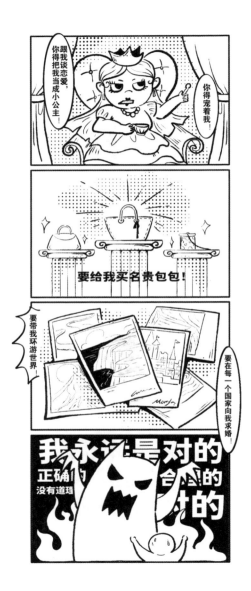

zhéli（zělie）

　　"折理"，指刻薄挑剔，无事生非，无理取闹，挑起争端。例如："这位折理大姐整天别别扭扭的，让人头疼！""他可是天下头号大折理，以后的日子够你受的。""你是不知道，我媳妇儿折理，没事儿也得找碴儿跟我打架。"高英培、范振钰的相声《不正之风》里，"万能胶"老街坊的闺女外号叫"折理"的，即为典型。

　　"折理"有多种词形，也写作"折里""折烈""摺咧""褶裂""着烈""者烈""遮理""遮里"等。

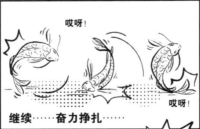

zhèngwai（zèngwai）

挣歪

    天津人说的"挣歪"，就是奋力挣扎、摆脱束缚的意思。例如："他一步步挣歪到今天，太不容易啦！"又作"挣崴""挣委"。

    马志明的相声《纠纷》中，王德成和丁文元两人因自行车碰脚这芝麻大的小事儿，互不相让，竟然闹到了派出所。在派出所，两人继续斗嘴，半斤八两，针尖对麦芒，谁也不服谁。假如真动手，不用三拳两脚，王德成就能把丁文元得楞了，并按在地上。丁文元肯定破口大骂，全力反抗。直至王德成威胁道："你小子再挣歪！我把你胳膊撅了！"只有在这种情况下，丁文元才会暂时服软儿。

    另外，"挣歪"也可用于动物，天津人爱吃鱼，鲜活的"大拐子"（鲤鱼），刮鳞去腮开膛后还活蹦乱跳，天津人就说："嗬！还挣歪呢！"

sìheng

肆横

　　"肆横"，原义指蛮横无理、胡作非为，但天津话里的"肆横"，抽去了蛮横无理的意思，是一种对于生活的奢求，指生活过得优裕舒坦，追求个人享乐。例如："李三爷活得挺肆横。""看人家，吃喝穿戴哪点儿不肆横！"

　　旧时天津卫阔少爷，时时处处都讲究，得显出阔气、与众不同——脚上穿礼服呢鞋面儿的千层底儿鞋，身上穿阴丹士林长衫，戴金丝眼镜，饭后嘴里得含粒青果（橄榄），还得闻着鼻烟儿，一丝一毫都不能含糊。

　　阔人有阔"肆横"，穷人也有穷"肆横"。过去普通职工歇班儿那天，带着儿子去澡堂子洗个澡，泡上一壶酽茶，削一个青萝卜吃，再美美地睡上一觉。回家路上给孩子买支糖堆儿。到了家，烫上一壶酒，剥一个松花，拍两根黄瓜——这小日子过的，嘿！也叫"肆横"。

niānhuàisǔn
蔫坏·损

"蔫"，本指花木、水果、蔬菜等因失去水分而萎缩，也指精神不振，或指性格内向的人。"损"，指说话刻薄，办事恶毒。天津人说某人"蔫损"，就是说他干坏事时不声不响，在暗中进行。马三立的相声《开粥厂》里说的"马善人"就是这样的形象：

"……我身上逮住个大虱子……怎么办？"

"挤死。"

"挤死啊？太损啦。"

"那怎么办？"

"无论找谁，往脖子那儿一搁……"

这就是"蔫损"。

在"蔫损"中间加个字，就是"蔫坏损"。《红楼梦》中贾琏的小厮兴儿，在向尤二姐介绍王熙凤时，有段精彩评述，"嘴甜心苦，两面三刀；上头一脸笑，脚下使绊子；明是一团火，暗是一把刀：都占全了"，这就是典型的"蔫坏损"。

tāyāng
塌秧

　　"塌秧"原指花草、蔬菜等因缺水而叶茎发蔫枯萎。例如："这盆月季怎么塌秧了？""这些小苗，一天不浇水就得塌秧。"

　　以秧苗塌秧的形象比喻由于超强度的劳动，身体过度劳累，体能耗尽，超过承受的极限了。例如："这点儿活儿，累得我塌秧了。"这里的"塌秧"包含一点儿夸张的成分，表示自己的疲劳程度十分严重，累得拾不起个儿来了。

　　后来"塌秧"则比喻受意外打击后的精神状态。例如："原先爱说爱笑的大活宝，突然就像遭了霜打的茄子似的——塌了秧啦！"

fānci

翻呲

翻呲，也作"翻斥"，一般有两种用法。

第一，是一种情感状态，介于友善和睦和翻脸争吵之间。天津人喜欢开玩笑，有时候玩笑开过头儿了，让对方觉得忍无可忍，对方就会说："打住！再闹，我可就翻呲了。"这时，如果关系处理得好，那大家还能继续做朋友，如果处理得不好，说不定就反目了。会办事儿的人一看快翻呲了，就会马上解开过节儿，大家和好如初，要是真的翻呲了，那就不好收场了。

第二，指背后说人坏话。例如："有些人总是张家长李家短，喜欢历数别人的缺点，翻呲别人的不是。"

背后翻呲别人的做法，实在令人讨厌，翻呲来翻呲去，叽叽歪歪、念念叨叨，都是鸡毛蒜皮的小事。如果真是大事，那就不用翻呲了。

天津称谓

卫嘴子

汉语称谓分为两大系统，一是以家庭为基础的亲属称谓，二是以社会为范围的交往称谓。过去，天津话把某种职业的人用"什么什么的"来表示。例如：看厢的——旧指澡堂服务员，看座儿的——旧指戏园服务员。

旧时天津熟人之间打招呼，习惯称男性为"爷"，前面还要加"姓"，例如："张爷""李爷"，加上排行则更显熟识，如"张三爷""李四爷"等。另外，"爷"还是对某群人或某类人的戏称，把这类人物的共性特征归为一字，加在"爷"之前即可。例如：倒腾买卖的叫"倒儿爷"；善于侃大山的叫"侃爷"；夏季赤裸上身的男性叫"膀爷"等，不乏幽默和嘲弄成分。

在现在的天津话中，习惯称呼陌生女性为"姐姐"。刚上初中的闺女，跟着妈妈外出购物，娘俩儿分别被人称为"姐姐"。母女俩相视一笑，这不乱了辈儿吗，您说哏儿不哏儿？

báiyǎnr
白眼儿

　　天津人在日常言语交际中，会把外孙子、外孙女称为"白眼儿"，把孙子、孙女称作"红眼儿"。其实，"白眼儿"是"白眼儿狼"的简称。狼以生性凶狠著称，在狼群中，尤以长着"吊白眼"的狼最凶狠。中国人常把忘恩负义的人比喻成"白眼儿狼"。

　　把外孙子、外孙女说成是"白眼儿狼"，有一定的戏谑意味，带有开玩笑的成分。意为尽管姥爷、姥姥再疼爱，但外孙子、外孙女毕竟是外姓人。天津俗语说："外孙是姥姥家的'狗'，吃饱了就走。"尽管姥爷、姥姥嘴上笑骂，但对外孙仍疼爱有加，几天不见就想得慌。中国人讲究称谓的系统性和对应化，即相关称谓须成龙配套。既然外孙雅号"白眼儿"，那孙子就称"红眼儿"，以示区别。从修辞角度分析，"白眼儿"使用借喻手法，而"红眼儿"却是仿拟手法。

dàlí

大梨

　　天津人把"吹牛"说成"吹大梨"，有说大话、吹牛皮的意思，"大梨"也指代吹嘘的人。

天津街市原有"吹糖人"的小买卖，把盛着饴糖的小铜锅放在火炉上，孩子来买，小贩就从小铜锅里抻出一小块儿饴糖，捏一捏，放在嘴上吹出各种造型。吹成圆球，在中间捏一下，插在细竹棍上，一个金黄色的"大糖梨"就做好了。但这个"大梨"毕竟是假的，薄薄一层糖，中看不中吃。于是，天津人就把说大话、吹牛皮，称作"吹大梨"，把满嘴食火、吹牛自夸者，直接称为"大梨"。

　　天津有句俗语"大梨赚财迷"。对那些信誓旦旦、喋喋不休说大话的"大梨"，不妨面带微笑，姑妄听之，权当幽默段子，不必信以为真。

bàngè'ér
半个儿

　　"一个姑爷半个儿"，天津姑爷有孝敬岳父岳母的优良传统，忠心耿耿地履行"半个儿"的职责。而天津丈母娘疼爱姑爷，那简直是没说的。

　　在天津，每年春节大年初二，是约定俗成的"姑爷节"，女婿们要提着礼物给岳父岳母拜年，这一天路上出行的人最多，街头人流如织，饭馆酒楼爆满。天津姑爷到了岳父岳母家，除了陪老人聊聊天、打打麻将，还要下厨露一手。

　　据说，天津男子的烹饪水平普遍高于其夫人，在国内各大城市中，那是一枝独秀。为嘛？每年"姑爷节"的实践考验，使天津男子的厨艺层层脆、水平步步高！

dàliǎo
大了

红白事的"现场总指挥",天津人称之为"大了"。"大",指居于首位,"了"有两层含义,一是对各项规则了然于心,二是将一切该办之事了结完满。

办红白事的"大了",须高屋建瓴、统领全局、指挥若定、事无巨细、举重若轻。天津老民俗中,遇到难崴的争端,碰上针尖对麦芒的对峙,在激烈的冲突之后,纠纷总得了断,矛盾总要解决,冤家终需和解——在这关键时刻,就得请第三方"大了"出面,从中调停。

这种"大了",需由双方认可,是资格老、威望高、手段辣的前辈,这类人物又名"袍带混混儿"。由他出面在饭店设宴调停:先是宜粗不宜细地各打几板子,对夸翅儿者拍老腔弹压,从中斡旋,把争执双方的面子尽量都给足了,最终让大事化小、小事化了。

èrxiǎor

二小儿

　　所谓"二小儿"，指无足轻重，整天跑跑颠颠伺候别人的人。例如："头些年在老板手下当二小儿使唤。""二小儿"也是天津人开玩笑时，遭奚落的虚拟人物。

　　例如苏文茂、马志存的相声《新局长到来之前》："我的名字是'指示'的'示'，上边一个'二'……""二小儿啊！"

　　"二小儿"也是天津民间俏皮话最活跃的主角之一。例如："二小儿穿大褂——规规矩矩""二小儿放鸽子——又回来了""二小儿吃烩饼——不叫焖"等。

gūnǎinai
姑奶奶

　　姑奶奶，本指祖父的姐妹、父亲的姑母。后来，已出嫁的成年女子，也被称为"姑奶奶"，以表亲昵。再后来，"姑奶奶"成为性格外向的女子的自称，多带妄自尊大的意味。例如："本姑奶奶就不吃这一套！"

　　老天津人家操办白事，最怕姑奶奶挑理儿。因此，大户人家办白事，得小心翼翼地把姑奶奶侍候好了，把各项事宜都办周全，把各方面利益都照顾到了。只要姑奶奶不挑理儿、点了头，顺顺当当的，那才万事大吉。

jiějie
姐姐

　　天津人讲究社交礼仪，在面对陌生女性，且不知对方年龄和婚姻状态的情况下，"大嫂""大婶""大妈""大娘"之类的称谓要慎重使用，而应使用"阿姨""姐姐"等称谓。

　　天津人对年龄相仿的陌生异性，习惯称"哥"不称"弟"，称"姐"不称"妹"，表示恭敬礼貌，不仅模糊了年龄差异，还显得大气得体，听起来随意，但并不轻佻。而且，用亲属称谓称呼并无亲属关系的陌生人，可以拉近心理距离，显得亲切真诚。另外，年长的女性在面对陌生年轻女子时，也称之为"姐姐"。在天津话中，从十五六岁的小姑娘到四五十岁的中年妇女，可一律称为"姐姐"。

　　"姐姐"这一称谓，融合了商业文化的精细、移民文化的热情和市井文化的纯真，体现了天津人宽广的胸襟和爽朗的情怀，加之幽默元素的融入，使这一称谓别具一格、个性鲜明。

èryífu

二姨夫

　　高英培的相声《不正之风》中，有一段荒诞幽默的喜剧情节：为了赶时间，"万能胶"用装殓着二姨夫遗体的火化车去接新娘子。火化车上坐着的工会主席问："那二姨夫呢？""万能胶"回答："别提他，二姨夫——甩货了！"这个包袱抖得很响，在天津家喻户晓。

　　"甩货"指被甩卖的"货品"，比喻不受重视、无足轻重的人。据媒体报道：赤峰道一家服装店门前"本店全部二姨夫"的广告语吸引了不少路人的眼球。店主解释："二姨夫不就是甩货吗？店里的服装全都甩货，赶紧挑，赶紧选吧！"这家小店因一则特殊的广告语而热闹起来，销量大增。这就是天津人的幽默！

léngzi

楞子

"楞子"原指见棱见角的木头楞子，后比喻不谙世故、不通情理、不知进退、粗鲁莽撞的人，其中的"楞"读二声，带贬义。例如："这小子四六不懂，整个儿一个楞子。""二车间俩楞子在食堂戗火，每人当众喝 10 瓶冰镇啤酒，谁输了谁掏钱。"

近义词"二愣子"，这里的"愣"读四声，指人愣头愣脑冒傻气，直来直去实心眼，含轻微贬义。例如："雇了个二愣子拴绳下井，去打捞怀表。""我看这个二愣子，是有点儿缺心眼儿吧？"

lìbar
力巴儿

　　天津人把不懂行、干杂活的人，说成"力巴儿"，原指小店铺（如小饭馆、粮店、肉铺等）做粗活儿、杂活儿的学徒。在大商号（如首饰金店、大药铺、绸布庄、百货店、鞋帽店、茶叶庄等）学买卖的学徒，就不称"小力巴儿"，而称"小徒弟"。

　　这种学徒，在店规的要求和实践的历练下，被称为"穿过木头裙子（柜台）的"，相当于商业科班出身。这样的人经过岁月的磨炼，往往会成为佼佼者，被视为行家里手，被擢升为高级职员、分店经理，成为业内精英。

yīdàntiāor（yídàntiāor）
一担挑儿

　　"一担挑儿"，也叫"连襟"，指姐姐的丈夫和妹妹的丈夫之间的亲戚关系。在天津称为"一担一挑儿"，也说成"一担挑儿"，十分形象地描绘出姑爷跟老丈人之间的关系。

　　老岳父有两个闺女，两个闺女各自嫁了人。但岳父岳母对出了阁的闺女的关爱有增无减，而这种关爱更多地体现在姑爷身上。

　　新婚姑爷被称为"娇客"，丈母娘疼姑爷，那是在辙的事儿。岳父岳母和姑爷的关系、姑爷与姑爷之间的关系就是八个字："一荣俱荣，一损俱损。"

口若悬河

wèizuǐzi
卫嘴子

　　"卫嘴子"之说，是钦佩天津人能说、爱说、表达能力强、能说会道的意思。

　　卫，是一种古代军队编制，天津以前是一个驻军的地方，旧称天津卫。嘴子，其实就是嘴，天津人因口才好、能言善辩，所以号称"卫嘴子"。

　　民国时期的《天津竹枝词》云："口若悬河意气扬，跟头随处要提防。一班交际真如戏，够板还须讲过场。"这里的"够板"指天津人言语实在、中肯，"讲过场"指天津人待客真诚，礼节周到。总之，天津人口齿伶俐、能吃会喝——这就是"卫嘴子"。

天津逸事

堆乎啦

这部分写旧时天津的趣闻逸事，说到逸事，便离不开形形色色的人。文中的历史人物，既有真人真事，也有虚构传闻；既有鸿儒豪贾，也有市井小民。但各个都人五人六，活灵活现，深入人心。

这里解释一下"人五人六"，天津话中指趾高气扬，拿自己当个人物。其中的数词"五"和"六"，跟数量无关。"人五"就是"人物"的谐音，但是单说"人五"，似乎单薄，只有凑上"人六"，才成龙配套，顺理成章。其实，"人六"不过是为了凑足音节，并无实际含义。"人五人六"一般用于批评他人，也可以用于自身，带自我解嘲意味。

下面的歇后语里蕴含了一个个有趣的历史故事。窥斑见豹，从这些凡人小事却能品味时代沧桑，重温历史过往。

华世奎写字

——牌匾

　　华世奎，近代天津著名书法家，在当时与孟广慧、严修、赵元礼并称为"四大家"，其书法走笔取颜字之骨，气魄雄伟，功力深厚。

　　当时，天津商家往往不惜重金邀请名家书写牌匾以自重。从有中华名匾之称的"天津劝业场"，到"祥德斋""敦庆隆绸缎庄""南京理发店""隆昌号""隆顺榕成记""恒祥公""庆成瑞""正兴德"等老字号牌匾，都是华世奎先生的书法杰作。

　　由此产生一条歇后语"华世奎写字——全匾"。这里的"匾"通"扁"，是动词，即"揍"和"打"的意思。所谓"全匾"，谐音"全扁"，有"一个不落，全揍一顿"的意思。这句庄谐并立、妙趣横生的歇后语，读之令人解颐。

马老显看告示
——够呛

天津话"够呛"，指厉害的程度，如"累得够呛"，也指难度大，如"这事估计够呛"。

旧时老城里有位马老显大爷，生性爱惹惹、喜热闹。虽大字不识，却总喜欢挤在人群里看刚贴出来的告示，想尽快听到人们议论告示的内容。有熟人在旁问他："马大爷，告示上都说嘛了？"马老显绷着脸答道："又够呛！"那人笑着说："马大爷，告示上边还写着您老呢！"马老显答曰："我这回也够呛！"众人闻之大笑，乃成笑柄。

后来，天津人遇到没把握的为难事儿，就会说："马老显看告示——够呛！"

刘二爷剥蒜
——两耽误

　　鳏夫刘二爷住大杂院，左邻右舍对他时常照顾。隔壁老王平日凡做饺子、包子、捞面之类的吃食，总给刘二爷端过去一大碗。刘二爷有时也给邻居小孩捎来糖果玩意儿之类。

　　有一天歇班，上午十点多钟，刘二爷听到隔壁传来剁菜剁肉的声音，他一琢磨，老王家准是包饺子了。于是刘二爷把酒壶摞在桌上，哼着小曲开始剥蒜。

　　老王家的二小子来刘二爷家玩儿。快中午了，孩子回家吃饭。妈妈正煮饺子，问孩子："二子，刘二爷今儿个做的嘛饭？"孩子说："刘二爷剥了一碟蒜！"妈妈一琢磨："哎哟！重样儿啦，那算了，咱就别送了。"此刻，刘二爷已经斟上了小酒，但左等右等，直到中午一点……这里所谓的"两耽误"就是因误会，老王家耽误了送饺子，刘二爷也耽误了做午饭。

大老俄卖胰子
——没法子

　　猪的胰脏分泌出的脂肪酶可分解为脂肪酸，脂肪酸和碱性物质接触，就会发生皂化反应。于是，天津人就称"肥皂"为"胰子"，称"香皂"为"香胰子"，称"药皂"为"药胰子"。

　　"没法子"，指日子难过，无可奈何。旧时天津租界里贫穷的白俄人有的以卖胰子为生。在推销胰子时，他们耸耸肩膀，用生硬的汉语说"没法子"，来解释自己生活的困窘。除了肥皂，贫穷的白俄人还常卖面包、毛毯等，因此，还有"大老俄卖面包——没法子""大老俄卖毯子——扔脖子后头"等说法。

老太太上电车
——别吹

　　20 世纪 30 年代，"坐电车逛劝业场"已成为天津流行的都市生活时尚，并由此产生了歇后语"老太太上电车——别吹"。

　　旧时，有轨电车车厢分为两部分，即一节大车厢后挂着一节小车厢。在乘客上车后，两个车厢的售票员先后吹响笛哨通知司机，作为开车信号。缠足的老太太因为行动不便，出门时多由晚辈搀扶，见电车来了，就直奔小车厢，边摇手边高声嘱咐："卖票的，您了先别吹，先别吹！"老太太被扶上电车后，孙子占了个座，高呼："奶奶，快点儿！"老太太应答："你别催！"

　　这句歇后语常用于阻止某人吹牛，但由于"吹"谐音"催"，也用于回应烦人的催促，颇具幽默色彩。

冯老缝买鱼
——堆乎啦

清末，有个鱼贩子姓冯，天生豁嘴儿，天津话叫豁了缝儿，人们就叫他冯老缝。他推着辆独轮车卖鱼，每天早晨都要去鱼锅伙趸鱼。

这鱼锅伙正名叫鱼行，渔船打的鱼都得交给他们，由他们过秤、定价、发卖。天津的三岔河口、陈家沟子、邵家园子、梁家嘴等处都有鱼锅伙。

某日，当地锅伙首领，人称老寨主，非请冯老缝喝酒，酒过三巡，寨主说："你给我办一件事，明天早点儿起，去大榆树坟地，有人等你，有一件重要东西给我取回来，务必要办成。"冯老缝满口答应了下来。

转天，冯老缝去了大榆树坟地，到地方看见群狗正在争食，他便先去附近的鱼行趸鱼，等他趸上鱼，已日上三竿，他赶紧往回走。只见几个俄国巡警正在捆绑一个人犯，旁边有一头被狗撕残的死猪。当两个巡警移动残猪，猪肚子里居然掉出了一地的金条、金砖、金元宝。听人们议论说，被绑的那个人是俄国人雇的厨子，他得知俄国人偷运黄金，便把黄金藏于猪肚子里盗出，哪知取货的人没到，引来了一群野狗……

冯老缝一看事办砸了，眼前一黑，堆乎在地上昏过去了。从此留下了一个歇后语：冯老缝买鱼——堆乎啦，指受到惊吓，也指某人突然犯病，瘫倒在地。

马三立看稻子垛

——火烧连营

　　相声表演艺术家马三立在 20 世纪 60 年代末曾被下放到天津南郊区农村落户，因为他干不了重活儿，所以被安排在场院值班。

　　一年秋天，马三立在稻场值班时，因抽烟不慎酿成火灾，造成了损失。转天晚上，召开群众大会，他以为会受到严厉的处分，但万万没想到的是，处理结果居然是被罚当场说一段相声了事。

　　这体现了人民群众对艺术家的热爱，也体现了当时农村基层干部对马老的宽容。火烧连营，《三国演义》故事之一。这句歇后语把时代、地域、人情三者融合得真、善、美，原汁原味地把故事记录了下来，令人动容。

梅先生拔烟袋
——不得已而为之

旧时，天津富人吸旱烟，烟袋极为考究，贵重者价值数百金，外出则插于套裤内。当时小偷专偷烟袋，故有"偷鸡、摸狗、拔烟袋"之说。

清同治年间（1862—1875），天津有秀才梅殿起，生活困顿。他在金声园蹭戏听解闷，见前排一人套裤内所插烟袋约值百金。一念之差，伸手拔取，因手法欠佳被对方发觉。对方一把攥住他的手腕，质问他为何如此。梅先生羞愧万分，无地自容，回答道："不得已而为之。"对方怜惜梅先生是斯文人，对其处境深表同情，聘他到家塾教书，歇后语亦由此而来。

"不得已而为之"，表达无可奈何之窘态。这条歇后语写出了旧时代下层文人的艰辛，以及社会对文人的敬重和体谅。

王二狼子挨刀
——赶上新律条了

清代中后期，天津混混儿之风盛行，"混混儿"就是指地痞、流氓、无赖，他们常因小事兵戎相见，械斗之后，死伤颇多，官府前去弹压，却成效甚微。

清光绪十八年（1892），皇帝下旨对市井流氓团伙严加治理，规定"辱、杀"二法，分别对待。

凡所拘捕的混混儿不问罪之轻重，先行"辱法"。把牢中所囚的混混儿们的头发剪掉，剃成"娃娃头"，穿"老虎鞋"，令其膝行爬过娼妓胯下，高呼亲娘。愿受此辱者，便可成为自由之人。如有不服此辱法者，立即上绑斩首，是为"杀法"。

新法施行之日，同囚数十人，皆认辱罪而具结，当场释放，悔罪图新。唯独一个姓王的惜名如命，人称"二狠子"，他为了保全自己的名声，竟然选择了"杀法"，官府见多次劝阻无效，遂将其处决于西关。王二狠子死后，混混儿之风大煞。

所谓"赶上新律条了"，就是"赶上这拨儿了"。

海张五出殡
——动静大了

"动静"在这里指规模、影响。海张五，清末大盐商张锦文，天津"八大家"之一，人称"益照临张家"。相传他出身低微，年轻时曾在盛京将军海仁家当过总管，被收为义子，排行第五，故人称"海张五"。

张锦文业盐致富后，助力市政建设、文化教育、慈善救济等公益事业。他家大业大，其葬礼出殡的操办极尽奢侈，故曰"动静大了"。

另外，还一条著名的歇后语"海张五修炮台——小事一段"。清咸丰三年（1853），清廷为防御太平军进攻，在天津修筑工事。盐商海张五出资，"雇夫万余"，在小稍直口挖壕筑垒，建成炮台六座。因"竭力备御"，受清廷嘉奖，授其游击衔（清武官，从三品）。张自诩"修炮台乃小事一段"，故有此说。

赵老二扛房檩
——顶这儿了

所谓"顶这儿了"，是说某人或某事到此打住，不会长进，亦无前途。

传说赵老二因生活无着，到处趸摸，趁人不注意，偷了一根房檩，扛起来就跑。跑出去不远，就听到后边有人追来并高呼："逮小偷啊！有人偷房檩了！"赵老二抬眼一瞧，前面恰好有一面墙要倒。他灵机一动，立即将房檩顶在危墙上。然后，一边擦汗一边笑嘻嘻地迎接追来的人群。甭掰扯，眼前事实就是铁证——赵老二扛起房檩就跑，这绝对不是偷，而是见义勇为，抢险救急。"顶这儿了"，指到此为止。

赵老二是天津旧时下层人物的典型代表。其喜怒哀乐、悲欢离合，以一种诙谐的面貌呈现于大众面前。天津人在述说故事的同时，似乎可以窥见父辈艰辛创业的身影，却凭借幽默的精神和调侃的语气，来缓解、淡化、消除这些辛酸悲苦。

天津风物

　　所谓"风物"，指一个地方特有的风光景物和风俗物产。

　　天津风物，包括地理、人文、地名、物产、建筑、交通、食品等方方面面。例如：九河、潮汐、浮桥、水业，城门、鼓楼、炮台、楼阁、娘娘宫、大杂院，南门、西沽、八里台、南门外、梁嘴子、赵家场，狗不理、泥人张、风筝魏，集市、海鲜、包子、面茶、煎饼馃子，还有电灯、自来水和有轨电车等，特色鲜明，不一而足。

　　但这些似乎零散的珍珠，却以城市多元文化这条红线贯之成串，形散神聚，熠熠发光。

天津卫，三宗宝，
鼓楼、炮台、铃铛阁

鼓楼、炮台、铃铛阁（"阁"字不读"gé"，而读"gǎo"），是天津重要的历史建筑，见证了天津的历史变迁。后来根据现状，天津人又续了三句："鼓楼拆，炮台倒，大火烧了铃铛阁。"

后来形成的"三宗宝"系列谚语，反映了天津的历史文化、风土人情、物产特色。如"天津卫，三宗宝，范公幼梅孙菊老"，指三位文化人：教育家严范孙、书法家赵元礼、京剧大师孙菊仙。

"天津卫，三宗宝，银鱼紫蟹大红袄。"银鱼、紫蟹系特有的名贵海鲜，大红袄则指年轻女子的艳丽服装。

"天津卫，三宗宝，永利南开大公报。""永利"是全国第一家制碱厂，"南开"指南开中学和南开大学，《大公报》是近代重要的创办于天津的新闻传媒之一。

"天津卫，新三宗宝：磨剪子磨刀吹洋号，三轮车的蹬子往后倒，万国桥能起又能落。""万国桥"，即今解放桥，由法国人修建，能够升降开启，方便过船。连走街串巷的磨刀匠都用西洋乐器来招徕生意。

从中我们可以窥见西风东渐后，天津城市社会生活发生的变化。

九河下梢天津卫，
三道浮桥两道关

天津地处南运河、北运河、大清河、子牙河和永定河这五条河流的下梢，但海河上游支流众多，所谓九河乃举其要者。

三道浮桥，指南运河上的钞关浮桥（后于此建金华桥）、北运河上的窑洼浮桥（后于此建金钢桥）和东门外海河上的盐关浮桥（后于此建金汤桥）。

两道关，指钞关和盐关，是当年天津重要的财税部门。这条俗谚描述了天津文化地理特点和海河两岸繁忙的交通状况。

天津卫，天天集，
今儿个不齐明儿个齐

天津商业是从集市贸易开始的。

最早的商业网点，是明初宣德至成化年间（1426—1487）在城厢附近设立的五个集——鼓楼宝泉集、东门里仁厚集、南门里货泉集、西门里富有集、北门里大道集。各集分别逢农历不同时日，每隔十天左右行集一次。

后随着经济发展，到明弘治六年（1493），又添设了五集一市：东门外通济集、北门外丰乐集、北门外靠西边的恒足集、张官屯永丰集、天后宫的宫前集和西门外安西市。至此，天津城区有每旬轮流举行的十个"集"，还有常设的一个"市"，故曰天天有集。天津俗语"常赶集没有不碰亲家的"，就道出了集市繁华竞逐的历史状况。

白牌电车进租界
——岔道儿

1904 年，比利时财团在天津投资创办电车电灯公司，后在西南角（今南开区五马路一带）建起电车公司车库。

《天津地理买卖杂字》："西南角，广仁堂，电车公司叫卖行。四马路，安电线，白牌电车围城转。"

1906 年 6 月 2 日，中国第一条公交线路——环城有轨电车——正式开通运行。而后陆续开通的红牌、黄牌、蓝牌等电车线路都经过租界，绿牌更是不出租界，唯独白牌电车在老城厢外围，沿北、东、南、西四条马路环行，不进租界。

所谓"岔道儿"，喻指不走正路、行为不端。这条歇后语反映了天津城市公交的起源及老城厢地区与各国租界的地理方位。

北门富，南门穷，东门贵，西门贱

老城厢是天津卫形成和发展的摇篮，自建城以来，直至20世纪20年代，老城厢始终是天津市的中心区。

天津城始建于明永乐二年（1404），设卫筑城，修建门楼，挖护城河，蔚为壮观。初为土城，弘治初年改建为砖城。城中十字街向外延伸可通四向大道，十字街交叉处建鼓楼。当时北城多为官府衙门，武职区居西，文职区居东；城东北部有文庙，而武庙坐落在城西北部。老城分四个居住区，即东北角、东南角、西北角和西南角，建筑风格和道路形成各有不同。富贵人家择地建宅，集中在东门和北门一带，因而东北角和东南角多为商贾富户，建筑宏伟，院深宅大；而西南城区，地势低洼，是贫苦百姓的居住地。故言"北门富，南门穷，东门贵，西门贱"。

泥人张

杨柳青的年画

风筝魏

泥人张、风筝魏，
杨柳青的年画、娘娘宫的会

天津民间艺术有四张亮丽的名片：泥人张彩塑、风筝魏制作的风筝是天津手工艺品的典型代表；杨柳青年画是举世闻名的民间画品；而娘娘宫的会则是妈祖信仰的街头文艺表演活动。

农历三月二十三，传说是天后娘娘生日。明清时期各种民间花会汇聚于天后宫，依次巡街进行精彩表演。其高难动作、绝技绝活儿，引来观众高声叫好，场面十分壮观，成为天津人的"狂欢节"。每逢出皇会，全城空巷，有虔诚叩拜娘娘的人沿路进香，更多的是围观百姓，人山人海。民国初期停办，1924 年恢复一次，1936 年最后一次举办。

潮不过三杨

所谓"三杨"，指天津近郊三个以"杨"字打头的名镇——西青区杨柳青镇、武清区杨村镇、河北省霸州市杨芬港镇。

河海通津，九河下梢的海河流入渤海。在历史上，涨潮时海水沿着海河倒灌而上，使支流的水面升高。倒灌的潮水，在南运河止于杨柳青，在北运河止于杨村，在子牙河止于杨芬港。对这种特殊的潮汐现象，人称"潮不过三杨"，也称"潮不过杨"或"遇杨而止"。

出南门奔西沽
——转向了

西沽是天津古老的聚落之一，位于红桥区东北部的西沽公园一带、子牙河入北运河处，距天津老城厢西北数里之远，"南门""西沽"两地，地理方位相反。

"出南门奔西沽"，实属南辕北辙，故谓"转向了"。

天津人逛街时如果迷了路，找不着北了，就会说："我是出南门奔西沽——转向了。"

大杂院，三级跳，
锅腔子熬鱼呱呱叫

　　这条谚语反映了天津盛产河海两鲜，描绘了旧时代下层社会的市井生活，以及家家户户喜欢熬鱼的习俗。

　　当时，平民百姓大多住在大杂院里，胡同的地面比马路低，院子的地面比胡同低，住房地面又低于院子，故称"三级跳坑"。环境恶劣，生活贫苦，但并不能阻止天津人对鱼的钟爱。

　　大杂院里的老百姓常在"锅腔子"——土灶上熬鱼，"贴饽饽熬小鱼"，"一锅出"散发着诱人的香味。劳作了一天的人们回家后，晚饭是咬一口饽饽，吃一口熬鱼，口齿留香。如果再喝上二两直沽高粱酒，那就是最惬意的享受了。

电车进胡同
——没辙了

"电车进胡同——没辙了"，其同义俏皮话是"电车出轨——没辙了"。

"辙"本指车轮轧出的痕迹，在这里指有轨电车借以行驶的轨道。"没辙了"就是没有轨道了，双关意：无计可施。

旧时天津下层百姓，汗珠子砸脚面，为的是养家糊口。清早迈出家门，两眼一抹黑，晌午饭还没着落呢！这就是"电车出轨——没辙了"。

天津人把赚钱一事称为"饭辙"。找饭辙，就是找事由，找工作，就得咬紧牙关，走出一条养家糊口的道儿来。

拉胶皮的赶大车
——改行了

　　"人力车"又名"洋车"，从日本传入，有两个胶皮车轮，车身前有两根长柄，柄端有横木相连，主要用于载人。因人力车的车轮外裹着充气的橡胶皮带，车轴有滚珠轴承，所以人力车行进异常轻巧，天津人称之为"胶皮"。天津寓公、公馆太太及演艺界女星都喜欢从车厂雇"包月车"，或自家养一辆"胶皮"。

　　据记载，清光绪三十二年（1906），天津有车厂230家、"胶皮"6000多辆。到20世纪30年代前后，三轮车逐渐取代了"胶皮"。

　　"拉胶皮的赶大车——改行了"，指改变所从事的行业。

当当吃海货，
不算不会过

这条民谚，蕴含三层意思：

第一，天津饮食讲究应时到节，无论富豪或小康家庭，天津人都讲究吃、舍得吃。

第二，天津盛产河海两鲜，但上市期限短暂，过了这村就没这店了。

第三，旧时天津当铺林立，急需用钱的人家，前去当铺典当衣物很便捷。但不值钱的衣物，当铺不收，即便有价值的衣物，当铺也只付给极少的当值，并限期15个月内交付所当款数并加高额利息赎回。过期不赎，即为"死当"，所当衣物任由当铺拍卖。

民谚"当当吃海货，不算不会过"将"吃海货"的大快朵颐之豪情，与万般无奈"当当"的辛酸糅合在一起，以天壤之别的两种境遇显示天津人的生活习尚和热爱生活的性情。

狗不理的包子

——一屉顶一屉

　　早年卖包子的高贵友，乳名"狗子"，整日低头经营，很少说话，人送外号"狗不理"。

　　"狗不理"始创于 1858 年，其包子为水馅半发面，口感柔软，香而不腻，形似菊花而独具特色，色香味形俱佳，食客盈门，买卖兴隆。狗不理包子铺，从侯家后搬到南市东兴大街，再到北大关桥口，最后迁址旧法租界天祥后门，名为"德聚号狗不理包子铺"，成为四海驰名的品牌。

　　天津歇后语"狗不理包子——全是褶儿"，"褶儿"指包子表皮的褶纹，双关意：人脸上的皱纹。"狗不理的包子——一屉顶一屉"，比喻新一垡顶替老一垡，薪火相传，生生不息。

煎饼馃子就面茶
—— 好吃不好拿

　　煎饼馃子和面茶，是典型的天津特色风味小吃。

　　煎饼馃子，绿豆浸泡磨成浆糊，上铛摊成煎饼，磕入鸡蛋，卷上棒槌馃子或馃箅，再抹甜面酱、酱豆腐，撒葱花后略煎片刻即成，常做早点或夜宵食用。

　　面茶，用上好糜子面熬粥，盛到半碗时撒一层芝麻盐和芝麻酱，满碗后再撒一层。

　　吃煎饼馃子，双手捧吃。喝面茶，左手持碗。二者同时进行，则"好吃不好拿"，犹言"烫手山芋"或"鸡肋情结"。

梁家嘴过河
——赵场（照常）办事

"梁家嘴过河——赵场（照常）办事"，涉及两个历史地名，梁家嘴（也称梁嘴子）与赵场（也称赵家场）。

在历史上，两地都位于南运河北岸，故称"河北梁家嘴"和"河北赵家场"。1918 年，南运河裁弯取直，河道北移，梁家嘴的地理位置从原来的北岸变成了南岸，变成了"西头梁家嘴"。而赵家场仍处在南运河北岸，与小伙巷隔河相望。人们再想由梁家嘴去赵家场办事，就需坐摆渡过河了。

"赵场"，谐音"照常"。"照常办事"的潜台词是：甭听他人说三道四，咱该怎么办就怎么办，因为"听蝲蝲蛄叫，就甭种地了"。

南门外警察

——代管八里台的事儿

　　当年从天津城南门而出，海光寺一带是连绵稻田，再往前的六里台、八里台一带，则是荒郊开洼，人烟稀少。南门外警察公署的辖区虽然一直延伸到八里台，但"南门外"和"八里台"两地却相距四千米，难以实施有效的管理。

　　天津人对某机构或某人管事过宽、过滥的行为表示不满时，就会抱怨道："你是南门外警察——代管八里台的事儿！"言外之意是越俎代庖，多管闲事。

你走你的大经路，
我钻我的耳朵眼儿

　　大经路，即今河北区中山路。清末，直隶总督袁世凯在天津推行"新政"，大经路是建设河北新区时修建的主干路，当时是天津市区最宽的马路，也是当年河北省的政治、文化中心之所在。

　　耳朵眼儿胡同，是红桥区北门外大街一条狭长的小巷，其最窄处只有一米有余。这条俗语与"你走你的阳关道，我过我的独木桥"义同，却带有浓郁的地域特征和时代特点。

水铺的锅盖
——两拿着

水铺，指旧时遍布津城各居住区卖开水的小店铺。由于其烧水的铁锅很大，木制的大锅盖需要做成两个半圆形，以便于开合。

"两拿着"，指性质不同，分别管理，各是各码的两种事物，也指人际关系由密切而逐渐疏远，甚至离心离德，走向对立。

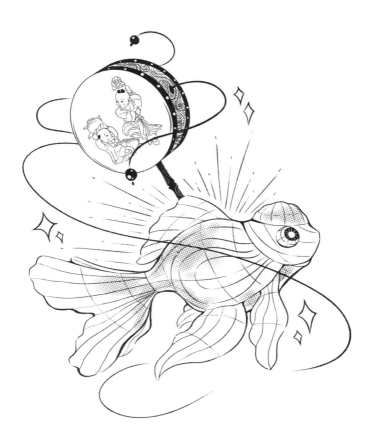

娘娘宫的小玩意儿
——耍货

    "耍货"，旧指供小孩玩耍的各种小玩意儿，即儿童玩具。

    旧时，天津娘娘宫附近有许多出售各种儿童玩具的货摊，名曰"耍货摊"。耍货摊上的货品琳琅满目，有走马灯、空竹、面人儿、泥娃娃、鬼脸儿、刀枪、冰糸儿、气球、太平鼓等。"耍货"中，最著名的两样儿，一是蒙葫芦，二是金鱼灯笼。春节前逛庙会的男孩儿到了娘娘宫，头一个目标就是"刘海牌"蒙葫芦。舅舅也要给外甥（女）买个金鱼灯笼，祝愿外甥（女）健康成长。

    俏皮话"娘娘宫的小玩意儿——耍货"，常用来批评工作不扎实、办事"耍乎"的年轻人。例如："他是娘娘宫的小玩意儿——耍货，关键时准给你掉链子！"

HOW TO READ TIANJIN

FERRY CROSSING

后记

　　1404年12月23日，天津筑城设卫，是中国古代唯一拥有确切建城时间的城市。2022年，她即将迎来618岁生日。

　　孟夏时节，风暖蝉鸣，我们一众出版人齐聚一堂，筹划出版"阅读天津"系列口袋书，旨在贯彻新发展理念，挖掘地域文化，突出趣味性、故事性、通俗性，以"小切口"讲好天津故事，反映新时代人民心声，为城市献上一份贺礼。大家各抒己见，同一座城市却有着不同的关键词：海河岸广厦高耸，滨江道游人如织，这是一座"繁华"的城；古运河舟楫千里，天津港通达天下，这是一座"开放"的城；老城厢幽静雅致，五大道异域风情，这是一座"包容"的城；相声茶馆满堂彩，天津方言妙趣生，这是一座"幽默"的城……

　　倘若一座城市内部千篇一律，必然乏善可陈。不同的关键词，恰好表明天津城市图景具有多样性和丰富性，蕴藏着广阔而灵动的书写空间。然而，究竟从何处下笔为好？

我们又陡觉茫然。

著名作家冯骥才先生曾说："评说一个地方，最好的位置是站在门槛上，一只脚踏在里边，一只脚踏在外边。倘若两只脚都在外边，隔着墙说三道四，难免信口胡说；倘若两只脚都在里边，往往身陷其中，既不能看到全貌，也不能道出个中的要害。"

想来颇有道理，大家要么是土生土长的老天津人，要么是迁居多年的新天津人，早已"身陷其中"，真有必要迈出门槛，重新"远观"这座熟悉的城市。远观之远，非空间之远，乃心理之远。于是，我们计划伴装游客，尽量卸下自诩熟稔的"土著"心态，跟随熙熙攘攘的旅人，再次探寻天津。

漫步五大道，各式各样的洋楼连墙接栋，百年前多少雅士名流、政要富贾寓居于此。骑行海河畔，一座座桥梁飞架两岸，一桥一景，风格各异。游逛古文化街，泥人张、风筝魏、崩豆张等天津特产琳琅满目，坐落街心的天后宫庄严肃穆，漕运兴盛时水工船夫在此会聚求安。徐步杨柳青，古镇曾经"家家会点染，户户善丹青"，年画随运河水波，销往各地。落座津菜馆，罾蹦鲤鱼、煎烹大虾、清蒸梭子蟹、八珍豆腐，"当当吃海货，不算不会过"道出天津人对河鲜海味的偏爱。驱车观海滨，天津港货船繁忙，东疆湾海风拂面，大沽口炮台遗址见证了中华民族抵御外辱的不屈意志，被称为"海上故宫"的国家海洋博物馆收藏着无穷的海洋奥秘……

数日游走，一行人深感伴装游客也是一件力气活儿，哪怕再花上三五天也游不完这座城。旅途的尾声，我们选择登上"天津之眼"摩天轮，将大半座城市的繁华尽收眼底。座舱缓缓升至最高处，眼前的三岔河口正是海河的起点，所谓"众流归海下津门"，极目远眺间，心中豁然开朗！"举一纲而万目张，解一卷而众篇明"，近在眼前的海河不正是那"一纲""一卷"吗？上吞九水、中连百洁、下抵渤海，我们数日以来的足迹，似乎从未远离过海河！

从地图上看，海河水系犹如一柄巨大的蒲扇铺展在大地上，其实她更像是这座城市庞大而有力的根系，将海河儿女紧紧凝聚——城市依河而建，百姓依河而聚，文化依河而生，经济依河而兴。

经过反复讨论，我们决定推出"阅读天津"系列口袋书第一辑"津渡"，以海河为线索，串联起天津的古与今、景与情，讲述海河历史之久、两岸建筑之美、跨河桥梁之精、流域物产之丰、沽上文学之思……

众人拾柴火焰高。在出版过程中，感谢中共天津市委宣传部的谋划和指导，践行守护城市文脉的责任担当，鼓励我们打造津版好书；感谢冯骥才、罗澍伟、谭汝为、王振良先生，为我们指点迷津，完善策划方案；感谢"津渡"的每一位作者、插画师、摄影师、设计师，付梓之时，更觉诸位良工苦心。

最后，感谢抚书翻看至此的读者！甲骨文的"津"，字形像一人持篙撑舟，我们也期望"津渡"犹如一叶扁舟，载着读者顺水而下，遍览一部流动的城市史诗！

"阅读天津"系列口袋书出版项目组

2022 年 9 月